Georg Friedrich Händels Auferstehung

STEFAN ZWEIG

Georg Friedrich Händels Auferstehung

PATMOS VERLAG

Inhalt

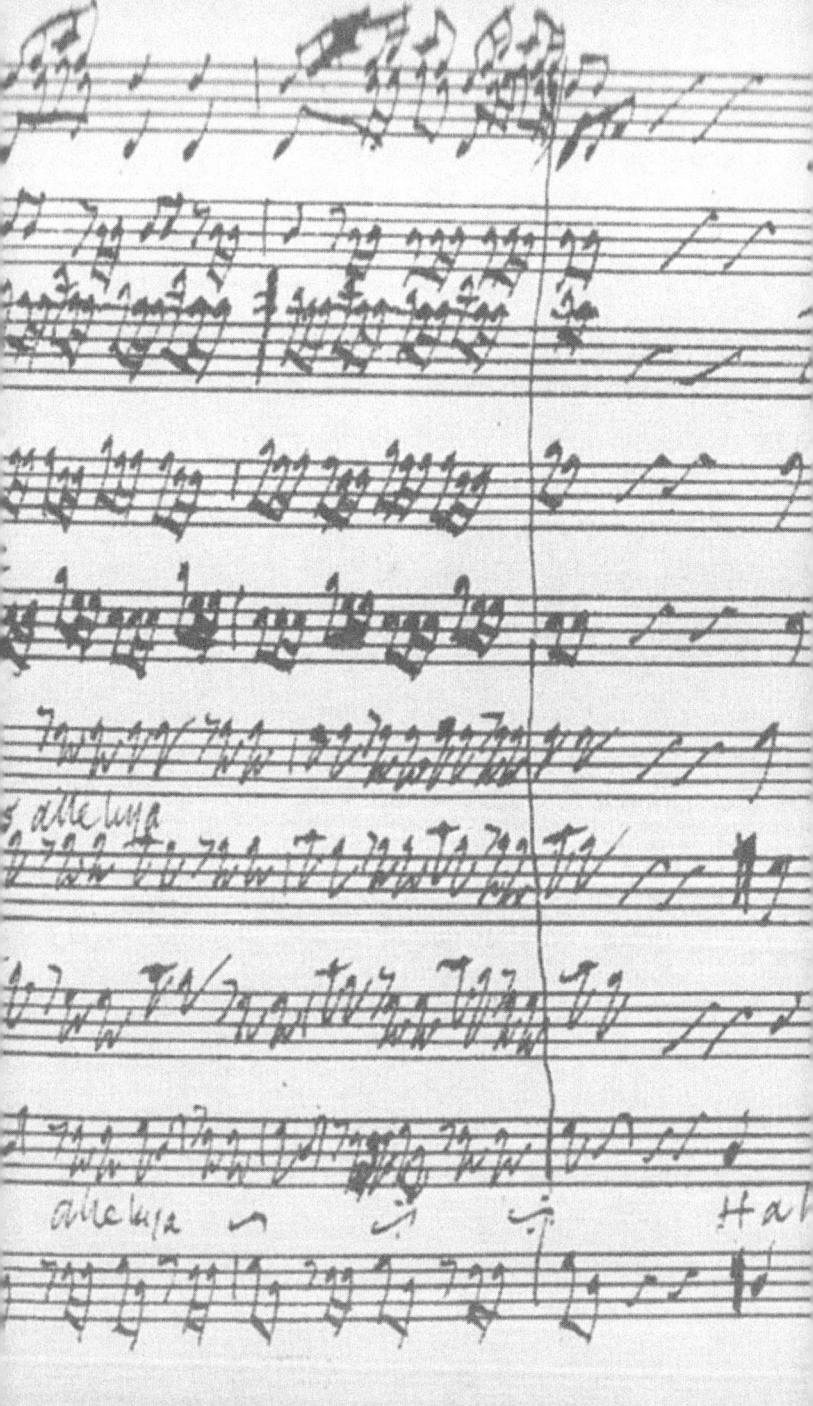

Stefan Zweig

Georg Friedrich Händels Auferstehung

Der Diener Georg Friedrich Händels saß am Nachmittag des 13. April 1737, auf das Sonderbarste beschäftigt, vor dem Parterrefenster des Hauses in Brookstreet. Er hatte ärgerlich bemerkt, dass sein Tabakvorrat ausgegangen war, und eigentlich hätte er nur zwei Straßen weit zu laufen gehabt, um sich in der Bude seiner Freundin Dolly frischen Knaster zu besorgen, aber er wagte sich nicht vom Hause, aus Furcht vor seinem jähzornigen Herrn und Meister.

Georg Friedrich Händel war in vollsaftiger Wut aus der Probe nach Hause gekommen, prallrot das Gesicht von aufwallendem Blut und dick die Adersträhnen an den Schläfen, mit einem Knall hatte er die Haustür zugeworfen und wanderte jetzt, der Diener konnte es hören, so heftig im ersten Stock auf und ab, dass die Decke bebte: Es war nicht ratsam, an solchen Zorntagen lässig im Dienste zu sein. So suchte der Diener ablenkende Beschäftigung für seine Langeweile, indem er statt schöngekringelten blauen Rauches aus seiner kurzen Tonpfeife Seifenblasen aufsteigen ließ. Er hatte sich einen kleinen Napf mit Seifenschaum zurechtgemacht und vergnügte sich, aus dem Fenster die bunten farbigen Blasen auf die Straße zu jagen. Die Vorübergehenden blieben stehen, zerstäubten im Spaß mit dem Stock eine und die andere der farbigen Kugeln, sie lachten und winkten, aber sie wunderten sich nicht. Denn von diesem Hause in Brookstreet konnte man alles erwarten; hier dröhnte plötzlich nachts das Cembalo, hier hörte man Sängerinnen heulen und schluchzen, wenn sie der cholerische Deutsche in seinem Berserkerzorn bedrohte, weil sie um einen Achtelton zu hoch oder zu tief gesungen. Für die Nachbarn von Grosvenorsquare galt Brookstreet 25 seit Langem als Narrenhaus.

Der Diener blies still und beharrlich seine bunten Blasen. Nach einiger Zeit hatte sich seine Geschicklichkeit schon sichtlich gemehrt, immer größer und dünnhäutiger wurden die marmorierten Kugeln, immer höher und leichter schwebten sie empor und eine sogar über den niederen First des gegenüberliegenden Hauses.

Da, plötzlich schrak er auf, denn das ganze Haus erbebte von einem dumpfen Schlag. Die Gläser klirrten, die Gardinen schwankten; etwas Massiges und Schweres musste im obern Stockwerk hingeschmettert haben. Und schon sprang der Diener auf und in einem Rand die Stufen empor zu dem Arbeitszimmer.

Der Sessel war leer, auf dem der Meister bei der Arbeit saß, das Zimmer war leer, und schon wollte der Diener weitereilen in den Schlafraum, da entdeckte er Händel, regungslos auf dem Boden liegend, die Augen starr offen, und jetzt, als der Diener im ersten Schreck stillstand, hörte er ein dumpfes, schweres Röcheln. Der starke

Mann lag auf dem Rücken und stöhnte, oder vielmehr: Es stöhnte aus ihm mit kurzen, immer schwächeren Stößen.

*E*r stirbt, dachte der erschrockene Diener und kniete rasch hin, dem Halbohnmächtigen zu helfen. Er versuchte ihn aufzuheben, ihn hinzutragen bis zu dem Sofa, aber der Leib des riesigen Mannes war zu lastend, zu schwer. So riss er ihm nur das engende Halstuch ab, und sofort verstummte das Röcheln.

Aber da kam schon vom unteren Stockwerk Christof Schmidt, der Famulus, der Helfer des Meisters, der eben sich eingefunden hatte, um einige Arien auszukopieren; auch ihn hatte der dumpfe Fall aufgeschreckt. Zu zweit hoben sie jetzt den schweren Mann auf – die Arme fielen schlaff herab wie die eines Toten – und betteten ihn hin, das Haupt erhoben.

»Kleide ihn aus«, herrschte Schmidt den Diener an, »ich laufe nach dem Arzt. Und spreng ihn an mit Wasser, bis er erwacht.« Christof Schmidt lief ohne Rock, er ließ sich keine Zeit, durch Brookstreet gegen Bondstreet, allen Kutschen winkend, die gravitätischen Trotts vorübertrabten, ohne dem hemdärmligen, keuchenden, dicken Mann die geringste Beachtung zu schenken. Endlich hielt eine an, der Kutscher des Lord Chandos hatte Schmidt erkannt, der alle Etikette vergaß und den Wagenschlag aufriss. »Händel stirbt!«, rief er dem Herzog zu, den er als großen Musikfreund und den besten Gönner seines geliebten Meisters kannte. »Ich muss zu einem Arzt.« Sofort lud ihn der Herzog in den Wagen, die Pferde schmeckten scharf die Peitsche, und so holten sie Doktor Jenkins aus einer Stube in Fleetstreet, wo er eben mit einer Harnprobe dringlich beschäftigt war. In seinem leichten Hansomcab fuhr er sogleich mit Schmidt in die Brookstreet. »Der viele Ärger hat es verschuldet«, klagte der Famulus verzweifelt, während der Wagen rollte, »sie haben ihn zu Tode gequält, diese verfluchten Sänger und Kastraten, die Schmierer und Kritikaster, das ganze eklige Gewürm. Vier Opern hat er geschrieben in diesem Jahr, um das Theater zu retten, aber die anderen stecken sich hinter die Weiber und den Hof, und vor allem macht der Italiener sie alle toll, dieser verfluchte Kastrat, dieser zuckige Brüllaffe. Ach, was haben sie unserem guten Händel angetan! Seine ganzen Ersparnisse hat er eingesetzt, zehntausend Pfund, und nun quälen sie ihn mit Schuldscheinen und hetzen ihn zu Tode. Nie hat ein Mann so Herrliches geleistet, nie so ganz sich hingegeben, aber das muss auch einen Riesen zerbrechen. Oh, welch ein Mann! Welch ein Genius!«

Doktor Jenkins, kühl und schweigsam, hörte zu. Ehe sie das Haus betraten, tat er noch einen Zug und klopfte die Asche aus der Pfeife. »Wie alt ist er?«

»Zweiundfünfzig Jahre«, antwortete Schmidt.

»Schlimmes Alter. Er hat geschuftet wie ein Stier. Aber er ist auch stark wie ein Stier. Nun, man wird sehen, was man tun kann.«

Der Diener hielt die Schüssel hin, Christof Schmidt hob Händel den Arm, jetzt schlug der Arzt die Ader an. Ein Blutstoß spritzte auf, hellrotes, heißes Blut, und im nächsten Augenblick stieß sich ein Seufzer der Erleichterung aus der verbissenen Lippe. Händel atmete tief und öffnete die Augen. Sie waren noch müd, fremd und unbewusst. Der Glanz in ihnen war erloschen.

Der Arzt verband den Arm. Es war nicht mehr viel zu tun. Schon wollte er aufstehen, da merkte er, dass Händels Lippen sich regten. Er näherte sich. Ganz leise, es war wie ein Atem bloß, röchelte Händel: »Vorbei …, vorbei mit mir …, keine Kraft …, ich will nicht leben ohne Kraft …« Dr. Jenkins beugte sich tiefer über ihn. Er merkte, dass ein Auge, das rechte, starr sah und das andere belebt. Versuchsweise hob er den rechten Arm. Er fiel wie tot zurück. Dann hob er den linken. Der linke blieb in der neuen Lage. Jetzt wusste Dr. Jenkins genug.

Als er das Zimmer verlassen hatte, folgte Schmidt ihm zur Treppe nach, ängstlich, verstört. »Was ist es?«

»Apoplexia. Die rechte Seite ist gelähmt.« »Und wird« – Schmidt stockte das Wort –, »wird er genesen?«

Dr. Jenkins nahm umständlich eine Prise Schnupftabak. Er liebte derlei Fragen nicht.

»Vielleicht. Alles ist möglich.«

»Und wird er gelähmt bleiben?«

»Wahrscheinlich, wenn kein Wunder geschieht.«

Aber Schmidt, dem Meister verschworen mit jeder Ader seines Leibes, ließ nicht ab.

»Und wird er, wird er wenigstens wieder arbeiten können? Er kann nicht leben, ohne zu schaffen.«

Dr. Jenkins stand schon an der Treppe.

»Das nie mehr«, sagte er sehr leise. »Vielleicht können wir den Mann erhalten. Den Musikus haben wir verloren. Der Schlag ging bis ins Hirn.«

Schmidt starrte ihn an. Eine so ungeheure Verzweiflung war in seinem Blick, dass der Arzt sich betroffen fühlte. »Wie gesagt«, wiederholte er, »wenn kein Wunder geschieht. Ich habe freilich noch keines gesehen.«

Vier Monate lebte Georg Friedrich Händel ohne Kraft, und die Kraft war sein Leben. Die rechte Hälfte seines Leibes blieb tot. Er konnte nicht gehen, er konnte nicht schreiben, nicht mit seiner Rechten eine einzige Taste zum Klingen bringen. Er konnte nicht sprechen, schief hing ihm die Lippe von dem furchtbaren Riss, der durch seinen Leib gegangen, nur lallend und verdumpft quoll ihm das Wort aus dem Munde.

Wenn Freunde Musik für ihn machten, floss ein wenig Licht in sein Auge, dann regte sich der schwere ungebärdige Körper wie ein Kranker im Traum, er wollte mit in den Rhythmus, aber es war ein Frost in den Gliedern, eine grausige Starre, die Sehnen, die Muskeln gehorchten nicht mehr; der einst riesige Mann fühlte sich hilflos eingemauert in ein unsichtbares Grab. Sobald die Musik zu Ende war, fielen ihm die Lider schwer zu, und er lag wieder wie eine Leiche. Schließlich riet der Arzt aus Verlegenheit – der Meister war offensichtlich unheilbar –, man solle den Kranken in die heißen Bäder von Aachen senden, vielleicht brächten sie ein wenig Besserung.

Aber unter der starren Hülle, ähnlich jenen geheimnisvollen heißen Gewässern unterhalb der Erde, lebte eine unerfassliche Kraft: Der Wille Händels, die Urkraft seines Wesens, sie war nicht berührt worden von dem vernichtenden Schlage, sie wollte das Unsterbliche noch nicht untergehen lassen in dem sterblichen Leib. Noch hatte der riesige Mann sich nicht besiegt gegeben, noch wollte er, noch wollte er leben, wollte er schaffen, und dieser Wille schuf das Wunder gegen das Gesetz der Natur. In Aachen warnten die Ärzte ihn dringend, nicht länger als drei Stunden in dem heißen Wasser zu bleiben, sein Herz würde es nicht überdauern, es könnte ihn töten. Aber der Wille wagte den Tod um des Lebens und um seiner wildesten Lust willen: des Gesundens. Neun Stunden blieb Händel täglich zum Schrecken der Ärzte in dem heißen Bade, und mit dem Willen wuchs ihm die Kraft. Nach einer Woche

konnte er sich schon wieder hinschlep-
pen, nach einer zweiten den Arm be-
wegen, und, ungeheurer Sieg des Willens und der Zuversicht, noch einmal
riss er sich los aus der lähmenden Um-
strickung des Todes, um das Leben zu
umfassen, heißer, glühender als je zu-
vor, mit jener unsäglichen Beglückung,
die nur der Genesende kennt.

Am letzten Tage, völlig Herr seines Leibes, da er abreisen sollte von Aachen,
machte Händel halt vor der Kirche. Nie
war er sonderlich fromm gewesen, aber
nun, da er im gnädig wiedergegebenen
freien Gang zum Emporium hinauf-
schritt, wo die Orgel stand, fühlte er
sich vom Unermesslichen bewegt. Er
rührte mit der Linken versuchend die
Tasten. Es klang, es klang hell und rein
durch den wartenden Raum. Nun versuchte sich zögernd die Rechte, die
lange verschlossen und erstarrt gewesen. Und siehe, auch unter ihr sprang
wie silberne Quelle der Klang empor.
Allmählich begann er zu spielen, zu
fantasieren, und es riss ihn mit in das
große Strömen. Wunderbar türmten

und bauten sich ins Unsichtbare die klingenden Quadern, herrlich wieder stiegen und stiegen die luftigen Gebäude seines Genius schattenlos empor, wesenlose Helle, tönendes Licht. Unten lauschten namenlos die Nonnen und die Frommen. So hatten sie niemals einen Irdischen spielen gehört. Und Händel, das Haupt demütig geneigt, spielte und spielte. Er hatte wieder seine Sprache gefunden, mit der er redete zu Gott, zur Ewigkeit und zu den Menschen. Er konnte wieder musizieren, er konnte wieder schaffen. Nun erst fühlte er sich genesen.

»Aus dem Hades bin ich zurückgekehrt«, sagte stolz, die breite Brust aufgespannt, die mächtigen Arme ausreckend, Georg Friedrich Händel zu dem Londoner Arzt, der nicht umhinkonnte, das medizinische Wunder zu bestaunen. Und mit voller Kraft, mit seiner berserkerischen Arbeitswut warf sich unverzüglich und mit verdoppelter Gier der Genesende wieder ins Werk. Die alte Kampflust war neuerdings über den Dreiundfünfzigjährigen gekommen. Eine Oper schreibt er – herrlich gehorcht ihm die gesundete Hand –, eine zweite, eine dritte, die großen Oratorien »Saul« und »Israel in Ägypten« und das »Allegro e Pensieroso«; wie aus einer lange gestauten Quelle schwillt unerschöpflich die schöpferische Lust empor. Aber die Zeit ist wider ihn. Der Tod der Königin unterbricht die Aufführungen, dann beginnt der spanische Krieg, auf den öffentlichen Plätzen sammelt sich täglich schreiend und singend die Menge, doch das Theater bleibt leer, und die Schulden türmen sich.

Dann kommt der harte Winter. Solche Kälte fällt über London, dass die Themse gefriert und mit klirrenden Schellen die Schlitten über die spiegelnde Fläche fahren; geschlossen stehen während dieser schlimmen Zeit alle Säle, denn keine Engelsmusik trotzte solch grausamem Frost in den Räumen. Dann erkranken die Sänger, eine Vorstellung nach der andern muss abgesagt werden; immer schlimmer wird Händels missliche Lage. Die Gläubiger drängen, die Kritiker höhnen, das Publikum bleibt gleichgültig und stumm; allmählich bricht dem verzweifelt Ringenden der Mut. Eine Benefizvorstellung hat ihn gerade noch vor dem Schuldturm gerettet, aber welche Schande, als Bettelnder sich das Leben zu erkaufen! Immer mehr schließt Händel sich ab, immer düsterer wird sein Sinn. War es nicht besser, da die eine Seite des Leibes gelähmt war – als nun die ganze Seele? Schon im Jahre 1740 fühlt sich Händel neuerdings als besiegter, geschlagener Mann, Schlacke und Asche seines einstigen Ruhmes. Mühsam rafft er noch aus früheren Werken Stücke zusammen, ab und zu schafft er noch kleinere Tat. Aber versiegt ist das große Strömen, dahin die Urkraft in dem wieder gesunden Leib; zum ersten Mal fühlt er sich müde, der riesige Mann, zum ersten Mal besiegt der herrliche Kämpfer, zum ersten Mal den heiligen Strom der Schaffenslust in sich stocken und versiegen, der schöpferisch seit fünfunddreißig Jahren eine Welt überströmt.

Noch einmal ist es zu Ende, noch einmal. Und er weiß oder meint es zu wissen, der ganz Verzweifelte: zu Ende für immerdar. Wozu, seufzt er auf, hat Gott mich auferstehen lassen aus meiner Krankheit, wenn die Menschen mich wieder begraben? Besser, ich wäre gestorben, statt, ein Schatten meiner selbst, im Kalten, im Leeren dieser Welt dahinzuschleichen. Und im Zorn murmelt er manchmal das Wort dessen, der am Kreuze hing: »Gott, mein Gott, warum hast du mich verlassen?«

Ein verlorener, ein verzweifelter Mann, müde seiner selbst, ungläubig an seine Kraft, ungläubig vielleicht auch an Gott, irrt Händel in jenen Monaten abends in London herum. Erst spät wagt er sich aus dem Haus, denn bei Tag warten die Gläubiger mit den Schuldzetteln vor der Tür, ihn zu fassen, und auf der Straße widern ihn die Blicke, die gleichgültigen und verächtlichen, der Menschen. Manchmal überlegt er, ob er nicht flüchten solle nach Irland hinüber, wo man noch an seinen Ruhm glaubt – ach, sie ahnen nicht, wie zerbrochen die Kraft ist in seinem Leibe –, oder nach Deutschland, nach Italien; vielleicht, dass dort noch einmal der innere Frost auftaut, dass noch einmal, von süßem Südwind berührt, die Melodie aufbricht aus dem verwüsteten Felsland der Seele. Nein, er erträgt es nicht, dies eine, nicht schaffen, nicht wirken zu können, er erträgt es nicht, Georg Friedrich Händel, besiegt zu sein. Manchmal bleibt er stehen vor einer Kirche. Aber er weiß, Worte geben ihm keinen Trost. Manchmal sitzt er in einer Schenke; aber wer den hohen Rausch, den seligen und reinen des Schaffens, gekannt, den ekelt der Fusel des gebrannten Wassers. Und manchmal starrt er von der Brücke der Themse nieder in das nachtschwarze, stumme Strömen, ob es nicht besser wäre, mit einem entschlossenen Ruck alles von sich zu werfen! Nur die Last dieser Leere nicht mehr tragen, nur nicht das Einsamkeitsgrauen, von Gott und den Menschen verlassen zu sein.

Wiederum war er so nächtens herumgeirrt. Es war ein glühend heißer Tag gewesen, dieser 21. August 1741, wie geschmolzenes Metall hatte dunstig und schwül der Himmel über London gelegen; erst nachts war Händel fortgegangen, im Green Park ein wenig Luft zu atmen. Dort, im unergründlichen Schatten der Bäume, wo niemand ihn sehen, niemand ihn quälen konnte, hatte er müde gesessen, denn wie eine Krankheit lastete nun diese Müdigkeit auf ihm, Müdigkeit zu reden, zu schreiben, zu spielen, zu denken, Müdigkeit zu fühlen, Müdigkeit zu leben. Denn wozu und für wen? Wie ein Trunkener war er dann die Straße heimgegangen, Pall Mall entlang und Saint-James-Street, nur von dem einzigen süchtigen Gedanken bewegt: schlafen, schlafen, nichts mehr wissen, nur ausruhen, ruhen, und am besten für immer. Im Hause Brookstreet war niemand mehr wach. Langsam – ach, wie müde er doch geworden war, wie müde sie ihn gehetzt hatten, die Menschen! – klomm er die Stiege empor, bei jedem der schweren Schritte knirschte das Holz. Endlich war er im Zimmer. Er schlug das Feuerzeug an und entflammte die Kerze an dem Schreibpult: Ohne zu denken, tat er es, mechanisch, wie er es Jahre getan, um sich an die Arbeit zu setzen. Denn damals – ein wehmütiger Seufzer brach unwillkürlich ihm über die Lippe – holte er von jedem Spaziergang eine Melodie, ein Thema heim, immer zeichnete er es dann hastig auf, um das Erdachte nicht an den Schlaf zu verlieren. Jetzt aber war der Tisch leer. Kein Notenblatt lag dort. Das heilige

Mühlrad stand still im erfrorenen Strome. Es gab nichts zu beginnen, nichts zu beenden. Der Tisch lag leer.

Doch nein: nicht leer! Leuchtete dort nicht im hellen Viereck etwas Papierenes und Weißes? Händel griff hin. Es war ein Paket, und er fühlte Geschriebenes darin. Rasch brach er das Siegel auf. Ein Brief lag zuoberst, ein Brief von Jennens, dem Dichter, der ihm den Text zu »Saul« und »Israel in Ägypten« geschrieben. Er sende ihm, schrieb er, eine neue Dichtung und hoffe, der hohe Genius der Musik, phoenix musicae, werde sich gnädigst seiner armen Worte erbarmen und sie auf seinen Flügeln dahin tragen durch den Äther der Unsterblichkeit.

Händel fuhr auf, wie von etwas Widrigem berührt. Wollte dieser Jennens ihn noch höhnen, ihn, den Abgestorbenen, den Erlahmten? Mit einem Riss zerfetzte er den Brief, warf ihn zerknüllt zu Boden und stampfte darauf.

»Schuft! Schurke!«, brüllte er; in seine tiefste, brennendste Wunde hatte dieser Ungeschickte gestoßen und sie aufgerissen bis zur Galle, bis in die bitterste Bitternis seiner Seele. Zornig blies er dann das Licht aus, tappte verworren in sein Schlafgemach und warf sich hin auf die Lagerstatt: Tränen brachen ihm plötzlich aus den Augen, und der ganze Leib zitterte in der Wut seiner Ohnmacht. Wehe dieser Welt, in welcher der Beraubte noch immer gehöhnt wird und der Leidende gequält! Warum ihn noch anrufen, da ihm das Herz schon erstarrt war und die Kraft genommen, warum ihn noch fordern zu einem Werke, da ihm die Seele lahm geworden und die Sinne ohne Kraft? Nur schlafen jetzt, dumpf wie ein Tier, nur vergessen, nur nicht mehr sein! Schwer lag er auf seinem Lager, der verstörte, verlorene Mann.

Aber er konnte nicht schlafen. Eine Unruhe war in ihm, aufgewühlt vom Zorn wie das Meer vom Sturm, eine böse und geheimnisvolle Unruhe. Er warf sich von der Linken zur Rechten und von der Rechten wieder zur Linken und ward immer wacher und wacher. Ob er nicht doch aufstehen sollte und die

Textworte prüfen? Aber nein, was vermöchte noch das Wort über ihn, den Erstorbenen! Nein, es gab keinen Trost mehr für ihn, den Gott in die Tiefe fallen gelassen, den er abgeschieden vom heiligen Strome des Lebens! Und doch, immer pochte noch eine Kraft in ihm, geheimnisvoll neugierig, die ihn drängte, und seine Ohnmacht konnte ihr nicht wehren. Händel stand auf, ging in das Zimmer zurück und schlug nochmals das Licht an mit vor Erregung zitternden Händen. Hatte ihn nicht schon einmal ein Wunder aufgehoben aus der Lähmung des Leibes? Vielleicht wusste Gott auch der Seele Heilkraft und Trost. Händel schob die Leuchte heran an die beschriebenen Blätter. »The Messiah!«, stand auf der ersten Seite. Ach, wieder ein Oratorium! Die letzten hatten versagt. Aber unruhig, wie er war, schlug er das Titelblatt um und begann.

Ouverture. Der Messias. Ein Oratorium von Händel. Erster Theil.

Beim ersten Wort fuhr er auf. »Comfort ye«, so begann der geschriebene Text. »Sei getrost!« – wie ein Zauber war es, dieses Wort – nein, nicht Wort: Antwort war es, göttlich gegeben, Engelsruf aus verhangenen Himmeln in sein verzagendes Herz. »Comfort ye« – wie dies klang, wie es aufrüttelte innen die verschüchterte Seele, schaffendes, erschaffendes Wort. Und schon, kaum gelesen, kaum durchfühlt, hörte Händel es als Musik, in Tönen schwebend, rufend, rauschend, singend. O Glück, die Pforten waren aufgetan, er fühlte, er hörte wieder in Musik!

Die Hände bebten ihm, wie er nun Blatt um Blatt wandte. Ja, er war aufgerufen, angerufen, jedes Wort griff in ihn ein mit unwiderstehlicher Macht. »Thus saith the Lord« (»So spricht der Herr!«), war dies nicht ihm gesagt, und ihm allein, war dies nicht dieselbe Hand, die ihn zu Boden geschlagen, die ihn nun selig aufhob von der Erde? »And he shall purify« (»Er wird dich reinigen«) – ja, dies war ihm geschehen; weggefegt war mit einem Mal die Düsternis aus dem Herzen, Helle war eingebrochen und die kristallische Reinheit des tönenden Lichtes. Wer anders hatte solche aufhebende Wortgewalt diesem armen Jennens, diesem Dichterling in Gopsall, in die Feder gedrängt, wenn nicht Er, der einzig seine Not kannte? »That they may offer unto the Lord« (»Dass sie Opfer darbrächten dem Herrn«) – ja, eine Opferflamme entzünden aus dem lodernden Herzen, dass sie aufschlage bis in den Himmel, Antwort geben, Antwort auf diesen herrlichen Ruf.

Ihm war es gesagt, nur ihm allein, dieses »Ruf aus dein Wort mit Macht« – oh, ausrufen dies, ausrufen mit der Gewalt der dröhnenden Posaunen, des brausenden Chors, mit dem Donner der Orgel, dass noch einmal wie am ersten Tag das Wort, der heilige Logos, die Menschen erwecke, sie alle, die andern, die noch verzweifelt im Dunkel gingen, denn wahrlich, »Behold, darkness shall cover the earth«, noch deckt Dunkel die Erde, noch wissen sie nicht um die Seligkeit der Erlösung, die ihm in dieser Stunde geschehen. Und kaum gelesen, schon brauste er ihm auf, vollgeformt, der Dankruf »Wonderful, counsellor, the mighty God« – ja, so ihn preisen, den Wundervollen, der Rat wusste und Tat, ihn, der den Frieden gab dem verstörten Herzen! »Denn der Engel des Herrn trat zu ihnen« – ja, mit silberner Schwinge war er niedergefahren in den Raum und hatte ihn angerührt und erlöst. Wie da nicht danken, wie nicht aufjauchzen und jubeln mit tausend Stimmen in der einen und eigenen, wie nicht singen und lobpreisen: »Glory to God!«

Händel beugte sein Haupt über die Blätter wie unter großem Sturm. Alle Müdigkeit war dahin. So hatte er nie seine Kraft gefühlt, noch nie sich ähnlich durchströmt empfunden von aller Lust des Schöpfertums. Und immer wieder wie Güsse von warmem, lösendem Licht strömten die Worte über ihn, jedes in sein Herz gezielt, beschwörend, befreiend! »Rejoice« (»Freue dich«) – wie dieser Chorgesang herrlich aufriss, unwillkürlich hob er das Haupt, und die Arme spannten sich weit. »Er ist der wahre Helfer« – ja, dies wollte er bezeugen, wie nie es ein Irdischer getan, aufheben wollte er sein Zeugnis wie eine leuchtende Tafel über die Welt. Nur der viel gelitten, weiß um die Freude, nur der Geprüfte ahnt die letzte Güte der Begnadigung, sein ist es, vor den Menschen zu zeugen von der Auferstehung um des erlebten Todes willen. Als Händel die Worte las: »He was despised« (»Er ward verachtet«), da kam schweres Erinnern, in dunklen, drückenden Klang verwandelt, zurück. Schon hatten sie ihn besiegt gemeint, schon ihn lebendigen Leibes begraben, mit Spott ihn verfolgt – »And they that see him, laugh« – sie hatten gelacht, da sie ihn sahen. »Und da war keiner, der Trost dem Dulder gab.« Niemand hatte ihm geholfen, niemand ihn getröstet in seiner Ohnmacht, aber, wunderbare Kraft, »He trusted in God«, er vertraute Gott, und siehe, er ließ ihn nicht im Grabe ruhen – »But thou didst not leave his soul in hell«. Nein, nicht im Grabe seiner Verzweiflung, nicht in der Hölle seiner Ohnmacht, einem Gebundenen, einem Entschwundenen, hatte ihm Gott die Seele gelassen, nein, aufgerufen noch einmal hatte er ihn, dass er die Botschaft der Freude zu den Menschen trage. »Lift up your heads« (»Aufhebt eure Häupter«) – wie das tönend nun aus ihm drang, großer Befehl der Verkündigung! Und plötzlich erschauerte er, denn da stand, von des armen Jennens Hand geschrieben: »The Lord gave the word.«

Der Atem stockte ihm. Hier war Wahrheit gesagt durch einen zufälligen Menschenmund: Der Herr hatte ihm das Wort gesandt, von oben war es an ihn ergangen. »The Lord gave the word«: Von ihm kam das Wort, von ihm kam der Klang, von ihm die Gnade! Zu ihm zurück muss es gehen, zu ihm aufgehoben werden von der Flut des Herzens, ihm lobzusingen war jedes Schaffenden Lust und Pflicht. Oh, es fassen und halten und heben und schwingen, das Wort, es dehnen und spannen, dass es weit werde wie die Welt, dass es allen

Jubel des Daseins umfasse, dass es groß werde wie Gott, der es gegeben, oh, das Wort, das sterbliche und vergängliche, durch Schönheit und unendliche Inbrunst zurückverwandeln in Ewigkeit! Und siehe: Da war es ja hingeschrieben, da klang es, das Wort, unendlich wiederholbar, verwandelbar, da war es: »Halleluja! Halleluja! Halleluja!« Ja, alle Stimmen dieser Erde darin zusammenfassen, die hellen und die dunklen, die beharrende des Mannes, die nachgiebige der Frau, sie füllen und steigern und wandeln, sie binden und lösen im rhythmischen Chore, sie aufsteigen lassen und niedersteigen die Jakobsleiter der Töne, sie schwichtigen mit dem süßen Strich der Geigen, sie anfeuern mit dem scharfen Stoß der Fanfaren, sie brausen lassen im Donner der Orgel: Halleluja! Halleluja! Halleluja! – aus diesem Wort, aus diesem Dank einen Jubel schaffen, der von dieser Erde zurück dröhnte bis zum Schöpfer des Alls! Tränen dunkelten Händel das Auge, so ungeheuer drängte die Inbrunst in ihm. Noch waren Blätter zu lesen, der dritte Teil des Oratoriums. Aber nach diesem »Halleluja, Halleluja« vermochte er nicht mehr weiter. Vokalisch füllte ihn dieses Jauchzen innen an, es dehnte und spannte, es schmerzte schon wie flüssiges Feuer, das strömen wollte, entströmen. Oh, wie es engte und drängte, denn es wollte aus ihm, wollte auf und in den Himmel zurück. Hastig griff Händel zur Feder und zeichnete Noten auf, mit magischer Eile formte sich Zeichen auf Zeichen. Er konnte nicht innehalten, wie ein Schiff, die Segel vom Sturm gefasst, riss es ihn fort und fort. Rings schwieg die Nacht, stumm lag das feuchte Dunkel über der großen Stadt. Aber in ihm strömte das Licht, und unhörbar dröhnte das Zimmer von der Musik des Alls.

Als der Diener am nächsten Morgen behutsam eintrat, saß Händel noch am Arbeitstisch und schrieb. Er antwortete nicht, als Christof Schmidt, sein Adlatus, scheu ihn fragte, ob er beim Kopieren behilflich sein könne, er knurrte nur dumpf und gefährlich. Keiner wagte sich mehr an ihn heran, und er verließ das Zimmer nicht in diesen drei Wochen, und wenn man ihm das Essen brachte, brockte er mit der linken Hand hastig ein paar Krumen Brot ab, die rechte schrieb weiter. Denn er vermochte nicht innezuhalten, es war wie eine große Trunkenheit über ihm. Wenn er aufstand und durch das Zimmer ging, laut singend und taktierend, blickten seine Augen fremd; wenn man ihn ansprach, schrak er auf, und seine Antwort war ungewiss und ganz verworren.

Der Diener hatte unterdes schwere Tage. Es kamen die Gläubiger, ihre Schuldscheine einzulösen, es kamen die Sänger, um eine Festtagskantate zu erbitten, es kamen Boten, Händel in das königliche Schloss zu laden; alle musste der Diener abweisen, denn wenn er versuchte, nur mit einem Wort sich an den hingerissen Arbeitenden zu wenden, so fuhr ihm löwenhaft der Zorn des Aufgereizten entgegen. Georg Friedrich Händel wusste in jenen Wochen nicht mehr um Zeit und Stunde, er schied nicht mehr Tag und Nacht, er lebte vollkommen in jener Sphäre, die Zeit nur misst in Rhythmus und Takt, er wogte nur mitgerissen von dem Strömen, das aus ihm immer wilder, immer drängender quoll, je mehr das Werk sich der heiligen Stromschnelle näherte, dem Ende. Gefangen in sich selber, durchmaß er mit stampfenden, taktierenden Schritten immer nur den selbstgeschaffenen Kerker des Raumes, er sang, er griff in das Cembalo, dann setzte er sich wieder hin und schrieb und schrieb, bis ihm die Finger brannten; nie hatte zeitlebens ein solcher Sturz des Schöpfertums ihn überkommen, nie hatte er so gelebt, so gelitten in Musik.

Endlich, nach drei knappen Wochen unfassbar noch heute und für alle Ewigkeit! –, am 14. September, war das Werk beendet. Das Wort war Ton geworden, unverwelklich blühte und klang, was eben noch trockne, dürre Rede gewesen. Das Wunder des Willens war vollbracht von der entzündeten Seele wie einst von dem gelähmten

Leibe das Wunder der Auferstehung. Alles war geschrieben, geschaffen, gestaltet, in Melodie und Aufschwung entfaltet – nur ein Wort fehlte noch, das letzte des Werkes: »Amen«. Aber dieses »Amen«, diese zwei knappen, raschen Silben, sie fasste Händel nun, um aus ihnen ein klingendes Stufenwerk bis in den Himmel zu bauen. Den einen Stimmen warf er sie zu und den andern im wechselnden Chore, er dehnte sie, die beiden Silben, und riss sie immer wieder auseinander, um sie immer wieder neu und noch glühender zu verschmelzen, und wie Gottes Atem fuhr seine Inbrunst in dieses Ausklangswort seines großen Gebetes, dass es weit ward wie die Welt und voll ihrer Fülle. Dieses eine, dieses letzte Wort, es ließ ihn nicht, und er ließ es nicht, in großartiger Fuge baute er dies »Amen« auf aus dem ersten Vokal, dem hallenden A, dem Urklang des Anfanges, bis es ein Dom war, dröhnend und voll, und mit der Spitze reichend bis in den Himmel, immer noch höher steigend und wieder fallend und wieder steigend, und

schließlich von dem Orgelsturm ge-
packt, von der Gewalt der vereinten
Stimmen noch und nochmals empor-
geschleudert, alle Sphären erfüllend,
bis dass es war, als ob in diesem Päan
des Dankes auch die Engel mitsängen,
und das Gebälk splitterte zu seinen
Häupten von diesem ewigen »Amen!
Amen! Amen!«

Händel stand mühsam auf. Die Feder
fiel ihm aus der Hand. Er wusste nicht,
wo er war. Er sah nicht mehr, er hörte
nicht mehr. Nur Müdigkeit fühlte er,
unermessliche Müdigkeit. Er musste
sich halten an den Wänden, so tau-
melte er. Entschwunden war ihm die
Kraft, todgemüdet der Leib, verworren
die Sinne. Wie ein Blinder tappte er
weiter die Wand entlang. Dann fiel er
hin auf das Bett und schlief wie ein Toter.

Amer

Dreimal hatte im Laufe des Vormittags der Diener leise die Tür aufgeklinkt. Der Meister schlief noch immer; reglos, wie aus blassem Stein gehauen, lag sein verschlossenes Gesicht. Mittags versuchte der Diener zum vierten Mal, ihn zu wecken. Er räusperte sich laut, er klopfte vernehmlich. Aber in die unermessliche Tiefe dieses Schlafes drang kein Laut und reichte kein Wort hinab. Christof Schmidt kam nachmittags zu Hilfe, noch immer lag Händel in dieser Starre. Er beugte sich über den Schlafenden: Wie ein toter Held auf der Walstatt nach dem errungenen Sieg, so lag er da, erschlagen von der Müdigkeit nach unsäglicher Tat. Aber Christof Schmidt und der Diener, sie wussten nicht um die Tat und den Sieg; nur Schrecknis kam sie an, da sie ihn so lange liegen sahen, so unheimlich reglos; sie fürchteten, abermals könnte ein Schlag ihn niedergeschmettert haben. Und als abends trotz allem Rütteln Händel noch immer nicht erwachen wollte – siebzehn Stunden schon lag er so dumpf und starr –, lief Christof Schmidt wieder um den Arzt. Er fand ihn nicht gleich, denn Dr. Jenkins war, den milden Abend nützend, ans Themseufer gegangen, um zu angeln, und knurrte, endlich aufgefunden, über die unwillkommene Störung. Erst als er hörte, dass es Händel galt, räumte er Schnur und Fischzeug zusammen, holte – es verging reichlich Zeit – sein chirurgisches Besteck, um den wahrscheinlich nötigen Aderlass zu applizieren, und endlich trabte das Pony mit den beiden nach Brookstreet.

Aber da war schon der Diener, mit beiden Armen ihnen entgegenwinkend. »Er ist aufgestanden«, rief er noch über die Straße ihnen zu. »Und jetzt isst er wie sechs Lastträger. Den halben Yorkshirer Schinken hat er in einem Ruck und Riss hinuntergeschlungen, vier Pinten Bier hab ich ihm füllen müssen, und immer will er noch mehr.«

Und wirklich, da saß Händel gleich einem Bohnenkönig vor dem überfüllten Tisch, und wie er in einer Nacht und einem Tag den Schlaf dreier Wochen geschlafen, so aß und trank er jetzt mit aller Lust und Gewalt seines riesigen Leibes, als wollte er auf einmal in sich wieder zurückraffen, was er in Wochen an Kraft an sein Werk gegeben. Kaum ward er des Doktors ansichtig, so begann er zu lachen, es wurde allmählich ein ungeheures, ein schallendes, ein dröhnendes, ein hyperbolisches Lachen; Schmidt erinnerte sich, dass er in all diesen Wochen kein Lächeln um Händels Lippen gesehen, nur Anspannung und Zorn; jetzt aber barst sie vor, die gestaute Urfroheit seiner Natur, sie dröhnte wie die Flut gegen den Felsen, sie schäumte und überschlug sich in kollernden Lauten – nie hatte Händel so elementarisch gelacht in seinem Leben wie nun, da er den Arzt erblickte in der Stunde, da er sich heil wusste wie nie und die Lust des Daseins ihn rauschend durchströmte. Hoch hob er den Krug und schwenkte ihn dem Schwarzgewandeten grüßend entgegen. »Hol mich dieser oder jener«, staunte Dr. Jenkins. »Was ist's mit Euch? Was für ein Elixier habt Ihr getrunken? Ihr platzt ja vor Leben! Was ist mit Euch geschehen?«

Händel blickte ihn an, lachend, mit funkelnden Augen. Dann ward er allmählich ernst. Er stand langsam auf und schritt an das Cembalo. Er setzte sich hin, die Hände gingen erst leer über die Tasten. Dann wandte er sich um, lächelte sonderbar und begann leise, halb sprechend, halb singend, die Melodie des Rezitativs »Behold, I tell you a mystery« (»Vernehmt, ich spreche ein Geheimnis aus«) – es waren die Worte aus dem »Messiah«, und scherzhaft waren sie begonnen. Aber kaum dass er die Finger in die laue Luft getaucht, so zog sie ihn mit. Im Spielen vergaß Händel die anderen und sich selbst, großartig riss ihn die eigene Strömung mit. Plötzlich war er wieder mitten im Werke, er sang, er spielte die letzten Chöre, die er bisher nur wie im Traum gestaltet; jetzt aber hörte er sie wach zum ersten Mal: «Oh death, where is thy sting« (»Ja, wo ist er, dein Stachel, o Tod«), fühlte er innerlich, durchdrungen von der Feurigkeit des

Lebens, und stärker hob er die Stimme, selbst der Chor, der jubelnde, der jauchzende, und weiter, weiter spielte und sang er bis zu dem »Amen, Amen, Amen«, und fast brach der Raum ein von den Tönen, so stark, so wuchtig warf er seine Kraft in die Musik.

Dr. Jenkins stand wie betäubt. Und als Händel sich endlich erhob, sagte er verlegen bewundernd, nur um etwas zu sagen: »Mann, so was habe ich nie gehört. Ihr habt ja den Teufel im Leibe.« Aber da verdüsterte sich Händels Gesicht. Auch er war erschrocken über das Werk und die Gnade, die über ihn wie im Schlafe gekommen. Auch er schämte sich. Er wandte sich ab und sagte leise, kaum konnten die anderen es hören: »Ich glaube vielmehr, dass Gott mit mir gewesen ist.«

Einige Monate später klopften zwei wohlgekleidete Herren an das Miethaus in Abbeystreet, in dem der vornehme Gast aus London, der große Meister Händel, Wohnung in Dublin genommen hatte. Ehrerbietig brachten sie ihre Bitte vor, Händel habe in diesen

Monaten die Hauptstadt Irlands mit so herrlichen Werken erfreut, wie sie nie hierzulande vernommen worden seien. Nun hätten sie gehört, dass er auch sein neues Oratorium »The Messiah« zum ersten Mal hier zur Aufführung bringen wolle; nicht gering sei die Ehre, dass er gerade dieser Stadt, noch vor London, die Darbietung seiner jüngsten Schöpfung gewähren wolle, und in Anbetracht der Außerordentlichkeit jenes Concertos sei ein besonderes Erträgnis zu erwarten. Nun kämen sie fragen, ob der Meister nicht in seiner allbekannten Großmütigkeit das Erträgnis jener ersten Aufführung den wohltätigen Anstalten zuführen wolle, welche sie zu vertreten die Ehre hätten. Händel sah sie freundlich an. Er liebte diese Stadt, weil sie ihm Liebe gegeben, und sein Herz war aufgetan. Gern sei er einverstanden, lächelte er, und sie mögen nur sagen, welchen Anstalten das Erträgnis zufallen solle.

»Der Unterstützung der Gefangenen in den verschiedenen Gefängnissen«, sagte der Erste, ein gütiger, weißhaariger Mann. »Und den Kranken in Merciers Hospital«, fügte der andere bei. Aber selbstverständlich bezöge sich diese großherzige Widmung nur auf das Erträgnis der ersten Aufführung, die anderen verblieben dem Meister.

Doch Händel wehrte ab. »Nein«, sagte er leise, »kein Geld für dieses Werk. Nie will ich je Geld dafür nehmen, niemals, ich stehe da einem anderen in Schuld. Immer soll es den Kranken gehören und den Gefangenen. Denn ich bin selbst ein Kranker gewesen und bin daran gesundet. Und ich war ein Gefangener, und es hat mich befreit.«

Die beiden Männer blickten auf, etwas verwundert. Sie verstanden nicht ganz. Aber dann dankten sie sehr, verbeugten sich und gingen, die frohe Botschaft in Dublin zu verbreiten.

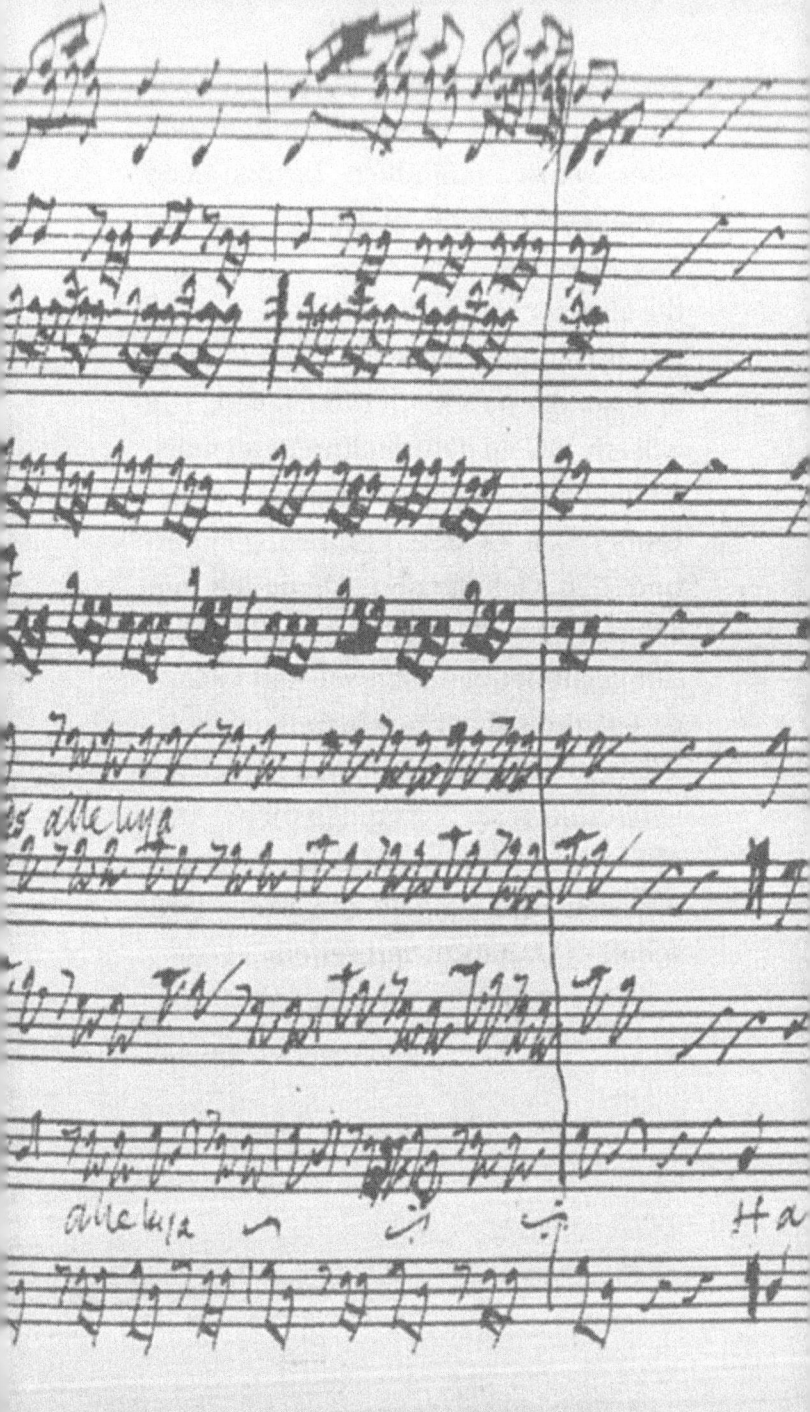

Am 7. April 1742 war endlich die letzte Probe angesetzt. Nur wenige Anverwandte der Chorsänger aus beiden Kathedralen waren als Zuhörer zugelassen, und man hatte, um zu sparen, den Raum der Music Hall in Fishamblestreet nur schwach erleuchtet. Vereinzelt und verstreut saß da ein Paar und dort eine Gruppe auf den leeren Bänken, um das neue Opus des Meisters aus London zu vernehmen, dunkel und kalt nebelte die weite Halle. Aber ein Merkwürdiges geschah, kaum dass die Chöre, klingenden Katarakten gleich, niederzubrausen begannen. Unwillkürlich rückten die einzelnen Gruppen auf den Bänken zusammen und ballten sich allmählich zu einem einzigen dunklen Block des Hörens und Staunens, denn jedem war, als sei die Wucht dieser nie gehörten Musik für ihn, den Einzelnen, zu viel, als müsse sie ihn wegschwemmen und wegreißen. Immer näher drängten sie aneinander, es war, als wollten sie mit einem einzigen Herzen hören, als eine einzige fromme Gemeinde das Wort Zuversicht empfangen, das, immer anders gesagt und geformt, ihnen entgegenbrauste aus den verschlungenen Stimmen. Schwach fühlte sich jeder vor dieser urhaften Stärke und doch selig von ihr gefasst und getragen, und ein Schauer von Lust ging durch sie alle wie durch einen einzigen Leib. Als das »Halleluja« zum ersten Mal dröhnte, riss es einen empor, und alle wie mit einem Ruck erhoben sich mit ihm; sie fühlten, man konnte nicht an der Erde kleben, angepackt von solcher Gewalt, sie standen auf, um mit ihren Stimmen Gott um einen Zoll näher zu sein und ihm dienend ihre Ehrfurcht zu bieten. Und dann gingen sie und erzählten von Tür zu Tür, ein Werk der Tonkunst sei geschaffen wie noch nie eines auf Erden. Und in Spannung und Freude bebte die ganze Stadt, dies Meisterwerk zu vernehmen.

Sechs Tage später, am 13. April, abends, staute sich die Menge vor den Türen. Die Damen waren ohne Reifröcke gekommen, die Kavaliere ohne Degen, damit mehr Zuhörer Raum finden konnten in dem Saale; siebenhundert Menschen, eine nie erreichte Zahl, drängten heran, so rasch hatte der Ruhm des Werkes sich im Voraus verbreitet; aber kein Atem war zu hören, als die Musik begann, und immer lautloser wurde das Lauschen. Dann aber brachen die Chöre herab, orkanische Gewalt, und die Herzen begannen zu schauern. Händel stand bei der Orgel. Er wollte sein Werk überwachen und führen, aber es riss sich los von ihm, er verlor sich in ihm, es ward ihm fremd, als hätte er es nie vernommen, nie geschaffen und gestaltet, abermals strömte er mit in dem eigenen Strome. Und als am Ende das »Amen« anhub, da brachen ihm unwissend die Lippen auf, und er sang mit in dem Chor, er sang, wie er nie gesungen in seinem Leben. Aber dann, kaum dass der Jubel der anderen tosend den Raum erfüllte, schlich er still seitab, um nicht den Menschen zu danken, die ihm danken wollten, sondern der Gnade, die ihm dies Werk gegeben.

Die Schleuse hatte sich geöffnet. Nun strömte durch Jahre und Jahre wieder der klingende Strom. Nichts vermochte von jetzt ab Händel zu beugen, nichts den Auferstandenen wieder niederzuzwingen. Abermals wurde die Operngesellschaft, die er in London gegründet, bankrott, abermals hetzten ihn die Gläubiger mit Schulden: Nun aber stand er aufrecht und bestand alle Widrigkeiten, unbekümmert schritt der Sechzigjährige seinen Weg die Meilensteine der Werke entlang. Man machte ihm Schwierigkeiten, aber glorreich wusste er sie zu besiegen.

Das Alter höhlte mählich seine Kraft, es lahmten ihm die Arme, die Gicht krampfte die Beine, aber mit unermüdlicher Seele schuf er weiter und schuf. Schließlich versagte das Augenlicht; während er seinen »Jephta« schrieb, erblindete er. Doch noch mit verschlossenem Auge, wie Beethoven mit verschlossenem Ohr, schuf er weiter und weiter, unermüdlich, unbesiegbar, und nur noch demütiger vor Gott, je großartiger seine Siege auf Erden waren.

Wie alle wahren und strengen Künstler rühmte er seine eigenen Werke nicht. Aber eines liebte er, den »Messiah«, er liebte dieses Werk aus Dankbarkeit, weil es ihn aus dem eigenen Abgrund gerettet, weil er sich in ihm selber erlöst. Jahr für Jahr führte er es in London auf, jedes Mal den vollen Ertrag, jedes Mal fünfhundert Pfund zum Besten des Hospitals überweisend, der Genesene an die Gebrestigen, der Befreite an jene, die noch in den Banden lagen.

Und mit diesem Werke, mit dem er aus dem Hades aufgestiegen, wollte er auch Abschied nehmen. Am 6. April 1759, schon schwer erkrankt, ließ sich der Vierundsiebzigjährige noch einmal nach Covent Garden aufs Podium führen. Und da stand er, der riesige, blinde Mann, inmitten seiner Getreuen, inmitten der Musiker und der Sänger: Seine leeren, seine erloschenen Augen konnten sie nicht sehen. Aber als nun in großem, rauschendem Schwung die Wogen der Töne gegen ihn rollten, als der Jubel der Gewissheit orkanisch aus Hunderten Stimmen ihm entgegenschwoll, da erleuchtete sich das müde Gesicht und ward hell. Er schwang die Arme zum Takt, er sang so ernst und gläubig mit, als stünde er priesterlich zu Häupten seines eigenen Sarges, und betete mit allen um seine und aller Erlösung. Nur einmal, als bei dem Anruf »The trumpet shall sound« (»Die Posaune soll erschallen«) scharf die Trompeten ansetzten, zuckte er auf und sah mit seinen starren Augen nach oben, als wäre er schon jetzt bereit zum Jüngsten Gericht; er wusste, er hatte sein Werk gut getan. Er konnte aufrechten Hauptes vor Gott hintreten.

Ergriffen führten die Freunde den Blinden nach Hause. Auch sie fühlten: Es war ein Abschied gewesen. Auf dem Bette regte er noch leise die Lippen. Am Karfreitag möchte er sterben, murmelte er. Die Ärzte staunten, sie verstanden ihn nicht, denn sie wussten nicht, dass dieser Karfreitag der 13. April war, der Tag, da die schwere Hand ihn zu Boden geschlagen, und der Tag, da sein »Messiah« zum ersten Mal in die Welt geklungen. Am Tage, da alles in ihm erstorben gewesen, war er auferstanden. Am Tage, da er auferstanden war, wollte er sterben, um Gewissheit zu haben des Auferstehens zum ewigen Leben.

Und wirklich, wie über das Leben, hatte auch über den Tod noch dieser einzige Wille Gewalt. Am 13. April verließen Händel die Kräfte. Er sah nichts mehr, er hörte nichts mehr, unbeweglich lag der massige Leib in den Kissen, ein leeres, schweres Gehäuse. Aber wie die leere Muschel dröhnt vom Tosen des Meeres, so rauschte innen unhörbar Musik, fremder und herrlicher, als er sie jemals vernommen. Langsam löste ihr drängendes Schwellen die Seele ab von dem ermatteten Leibe, sie empor-zutragen ins Schwerelose. Flut in Flut, ewigen Klang in die ewige Sphäre. Und am nächsten Tage, noch waren die Osterglocken nicht erwacht, starb end-lich dahin, was an Georg Friedrich Händel sterblich gewesen.

GEORG FRIEDRICH HÄNDEL

Brief an Charles Jennens

29. Dezember 1741

Sir,

mit der größten Freude sehe ich, wie wohlgesonnen Sie mir noch immer sind, dies entnehme ich Ihren freundlichen Zeilen, die Sie mir zusandten, als Vorwort zu Ihrem Oratorium »Der Messias«, das ich in Musik gesetzt habe, bevor ich England verließ.

Ihr großzügiges Interesse, das Sie, Sir, an meinen Belangen zu haben belieben, ermutigt mich, von dem Erfolg zu berichten, dem ich hier begegnet bin. Ich fühle mich geehrt, dass der Adel sechs Aufführungen subskribierte, die jeweils einen Raum mit 600 Menschen füllten, sodass ich nicht eine einzige Karte an der Tür verkaufen musste.

Und bei aller Bescheidenheit – die Aufführung wurde mit allgemeiner Zustimmung aufgenommen. (…)

JOHANN GOTTFRIED HERDER

Deutsche Textfassung des »Messias«

Als Händels »Messias«, das heute populärste Oratorium überhaupt, 1780 in Weimar aufgeführt wurde, erklang es in der deutschen Textfassung von Johann Gottfried Herder (1744–1803). Als Philologe hielt sich Herder eng an den englischen Text, ohne prononciert auf die bekannte Luther-Übersetzung zurückzugreifen. Die Nummerierung folgt der Hallischen Händel-Ausgabe. Das Fehlen der Nr. 35 ist durch verschiedene Varianten, die Händel selbst erstellt hat, begründet.

ERSTER TEIL

1. *Sinfonia*

Die Prophezeiung der Erlösung

2. *Accompagnato*
   »Tröstet, tröstet mein Zion!«
   Spricht Eu'r Gott,
   Redet Trostesworte mit Jerusalem
   Und ruft ihr zu,
   Dass ihr Kriegszug sei vollendet,
   Dass ihre Missetat
   Sei verziehn!
   Ein Ruf erschallt!
   Er rufet in der Wüstenei:
   »Bereitet den Weg dem Herrn!
   Macht Bahn in der Wüste!
   Macht Heerweg unserm Gott!«
   JES 40,1–3

3. *Arie*
   Alle Tale werden erhaben,
   Und alle Höhen und Hügel tief!
   Die Krümme gleich,
   Und die Steile gerecht!
   JES 40,4

4. Chor

Denn die Hoheit, die Hoheit des Herrn
Wird offenbaret!
Und alles Fleisch soll schau'n miteinander;
Denn der Mund des Herrn
Hat's zugesagt.

Jes 40,5

5. Accompagnato

So spricht der Herr, Gott Zebaoth:
»Es ist noch ein Kleines,
So will ich regen
Den Himmel und die Erd',
Das Meer und die Trockne,
Und will erregen die Völker,
Bis das Verlangen der Völker erscheint.«

Hag 2,6–7

»Der Herr, den Ihr sucht,
Kommt eilig zu seinem Tempel,
Und der Engel des Bundes,
Nach dem Ihr verlangt,
Er kommt! Sieh, er kommt!«
Spricht der Herr Zebaoth.

Mal 3,1

6. Arie

Doch wer mag ertragen
Den Tag, wenn er kommet?
Und wer besteht,
Wenn er erscheinet?
Denn er ist gleich wie ein läuternd Feu'r.

Mal 3,2

7. Chor

Und er wird reinigen die Söhne Levi,
Dass sie darbringen Gott, dem Herrn,
Ein Opfer in Reinigkeit.

MAL 3,3

Die Prophezeiung der jungfräulichen Geburt

Rezitativ
Sieh da! Eine Jungfrau empfängt!
Gebiert einen Sohn
Und wird ihn nennen: Immanuel!
Gott mit uns!

JES 7,14

8. Arie

O Du, der bringet Frohlocken in Zion,
Steig hinauf auf die hohen Berge!
O Du, der bringet Frohlocken in Jerusalem,
Ruf aus Dein Wort mit Macht!
Ruf es aus! Sei nicht verzagt!
Verkünde den Städten in Juda:
»Da ist Eu'r Gott!«

JES 40,9

O Du, der bringet Frohlocken in Zion,
Wohlauf! Glänze! Dein Licht ist da!
Und die Herrlichkeit des Herrn
Erhebet sich auf Dir!

JES 60,1

9. Rezitativ
Schau umher!
Dunkel bedecket die Welt
Und Mitternacht die Völker.
Doch der Herr wird über Dir aufgehn,
Seine Klarheit wird erscheinen auf Dir,
Und die Heiden, sie kommen zum Licht,
Die Fürsten zum Glanze, der Dir aufgeht.
JES 60,2–3

10. Arie
Die Völker, die wandeln im Dunkel,
Sie sehn ein groß Licht;
Und die da wohnen im Lande der Schatten
des Todes,
Auf ihnen glänzet der Morgen.
JES 9,1

11. Chor
Denn es ist uns ein Kind gebor'n!
Es ist uns ein Sohn gegeben!
Und der Königsstab wird sein auf seiner
Schulter,
Und sein Name wird heißen:
Wunderbar!
Hoher Rat!
Der starke Gott!
Der ewig-ew'ge Vater!
Der Friedefürst!
JES 9,5

Die Engel erscheinen den Hirten

12. *Rezitativ*
    Es waren Hirten
    Beisammen auf der Flur,
    Hüteten ihre Heerd' zu Nacht,
    Lk 2,8

13. *Accompagnato*
    Als schnell der Engel des Herrn zu ihnen
    trat;
    Und die Klarheit des Herrn umglänzte sie,
    Und sie erschraken sehr.
    Lk 2,9

    Rezitativ
    Alsdann der Engel zu ihnen sprach:
    »Friede! Erschrecket nicht!
    Ich bring' Euch Freude, große Freude,
    Für Euch und alles Volk;
    Denn es ist Euch
    Geboren heut
    In Davids Stadt
    Ein Heiland; der ist Christ, der Herr!«
    Lk 2,10–11

14. *Accompagnato*
    Und alsbald war da bei dem Engel
    Die große Schaar himmlischen Heers,
    Lobend Gott und sagend:
    Lk 2,13

15. Chor
»Ehre sei Gott!
Ehre sei Gott in den Höhen
Und Fried' auf Erd'
Und Heil! Allen Heil!«
Lᴋ 2,14

Christi Wundertaten auf Erden

16. Arie
Erfreu, erfreu, erfreue Dich mächtig,
Erfreue Dich, Tochter zu Zion!
Jauchze, Tochter zu Jerusalem!
Denn sieh! Dein König kommet her zu Dir,
Er ist ein rechter Heiland
Und redet zu: »Friede den Völkern!«
Sᴀᴄʜ 9,9–10

Rezitativ
Dann wird das Auge des Blinden sehend
sein
Und das Ohr des Tauben aufgetan!
Dann wird der Lahme springen wie ein
Hirsch
Und die Zunge des Stummen singen!
Jᴇs 35,5–6

17. Duett

Er wird Hirte sein
Seiner Schafe
Und wird sich sammeln die Lämmer in den
Arm
Und tragen sie in dem Busen,
Und sanfte leiten, die noch zart sind.
Jes 40,11

Kommt her zu ihm, die Ihr mühselig seid,
Kommt her zu ihm, die Ihr seid schwer
beladen!
Er wird Euch geben Ruh.
Nehmt sein Joch auf Euch
Und lernt von ihm!
Denn er ist sanft-demütigen Sinns;
So findet Ihr Ruh für Euer Herz.
Mt 11,28–29

18. Chor

Sein Joch ist selig,
Sein Tragen ist leicht.
Mt 11,30

ZWEITER TEIL

Das Opfer zur Erlösung, die Geißelung und die Kreuzespein

19. Chor
    Sieh, da ist Gottes Lamm!
    Es träget hinweg die Sünde der Welt.
    JOH 1,29

20. Arie
    Er war verschmähet,
    Verschmähet und verworfen,
    Verworfen von Menschen,
    Ein Mann des Kummers
    Und befreundet mit Gram.
    JES 53,3

    Er gab den Rücken der Geißel
    Und die Wange dem,
    Der ihm die Haare riss;
    Er barg nicht sein Antlitz
    Vor Schmach und Speichel.
    JES 50,6

21. *Chor*
Wahrlich, wahrlich! Er trug unser Leid
Und litt unsern Kummer.
Er ward verwundet um unsre Sünden,
Er ward zerschlagen für unsre Missetat.
Die Züchtigung zu unserm Frieden lag auf
ihm.

22. *Chor*
Durch seine Wunden sind wir geheilet.

23. *Chor*
Wir gingen All' in Irren umher,
Wir kehrten Alle, jeder seinen Weg;
Und der Herr legt' auf ihn
Unser Aller Missetat.
Jes 53,6

24. *Accompagnato*
Und die ihn sahen, spotteten sein,
Höhneten ihn und warfen das Haupt
Und sprachen:
Ps 22,8

25. *Chor*
»Er trauete Gott,
Der könn' erlösen ihn!
Lass den erlösen ihn,
Wenn er hat Lust zu ihm!«
Ps 22,9

26. *Accompagnato*
    Deine Schmach
    Zerbrach sein Herz;
    Er ist voll von Traurigkeit.
    Er schauet' umher, nach Mitleid umher;
    Aber da war Niemand,
    Noch fand sich Einer,
    Zu trösten ihn.
    Ps 69,21

27. *Arie*
    Schau an und sieh,
    Ob irgend sei ein Kummer
    Gleich seinem Kummer?
    Klgl 1,12

28. *Accompagnato*
    Man riss ihn aus,
    Aus dem Lande der Lebenden;
    Um die Missetat Deines Volkes
    Musst' er sterben.
    Jes 53,8

29. *Arie*
    Doch Du ließest nicht
    Seine Seel' in der Höll'
    Und gabst nicht zu,
    Dass der Heilige Dein
    Die Verwesung säh'.
    Ps 16,10

Gott nimmt ihn als seinen Sohn
im Himmel auf

30. Chor
> Erhebt das Haupt, o Ihr Tore!
> Eröffnet Euch weit, Ihr Pforten der Welt!
> Denn der König der Ehre wird einziehn.
> »Wer ist der König der Ehre?«
> »Der Herr, stark und mächtig,
> Der Herr, stark und mächtig im Streit.«
> »Wer ist der König der Ehre?«
> »Gott Zebaoth, er ist der König der Ehre!«

> Rezitativ
> Denn zu welchem Engel
> Sprach Gott Jehovah je:
> »Du bist mein Sohn!
> Heut hab' ich Dich erzeuget!«
> HEBR 1,5

31. Chor
> Lasst alle Engel des Herrn
> Feiern ihn!
> HEBR 1,6

Pfingsten, die Gabe der Zungen, der Beginn der Missionierung

32. Arie

   Du bist gestiegen hoch!
   Hast geraubet, die da raubeten,
   Und empfangen Gaben von den Menschen
   Und Gaben von Deinen Feinden,
   Dass Gott, der Herr, noch wohne bei ihnen.
   Ps 68,19

33. Chor

   Der Herr gab sein Wort.
   Groß war die Menge der Gottesboten.
   Ps 68,12

34. Arie

   Wie lieblich ist der Boten Tritt!
   Sie kündigen Frieden uns an.
   Sie bringen freudige Botschaft,
   Die Botschaft unsers Heils.

   Ihr Ruf, er erging in alles Land,
   Und ihr Wort
   Hin an die Ende der Welt!
   Röm 10,15.18

Die Welt und ihre Herrscher verwerfen das Evangelium

36. Arie
    Wie, dass die Völker so wütend ergrimmen
    zusammen?
    Wie, dass die Heiden beraten eiteln Rat?
    Die Fürsten der Welt stehn auf,
    Und die Großen ratschlagen zusammen,
    Entgegen Gott
    Und entgegen seinem König.
    Ps 2,1–2

37. Chor
    »Lasst uns brechen ihre Bande, ihre Band'
    entzwei!
    Und werfen weg
    Ihr Joch von uns!«
    Ps 2,3

Der Triumph Gottes

    Rezitativ
    Er, der wohnet im Himmel,
    Er lachet der Wut.
    Der Herr
    Wird spotten ihres Rates.
    Ps 2,4

38. *Arie*

»Sie zerbrechen
Soll Dein Eisenszepter!
Sie zerschlagen in Stücke
Wie die irdne Scherbe!«

Ps 2,9

39. *Chor*

Halleluja!
Denn der Herr, Gott der Allmächt'ge,
herrschet!
Halleluja!
Das Königreich der Welt
Ist worden das Königreich des Herrn
Und seines Christs.
Und Er wird herrschen
Ewig und ewig,
Herr der Herrn,
Der Götter Gott! Halleluja!

Offb 19,6;15–16

DRITTER TEIL

Das Versprechen der Auferstehung des Fleisches und die Erlösung von Adams Fall

40. Arie
   Ich weiß, dass mein Erlöser lebet,
   Und dass er erweckt
   An dem letzten Tage
   Meinen Staub.
   Und ob Würmer ihn zernagen,
   In meinem Fleisch werd' ich Gott schau'n.
   HIOB 19,25–26

   Denn Christ ist erstanden aus der Gruft,
   Der Erstling
   Der Schlafenden.
   1 KOR 15,20

41. Chor
   Denn durch Einen kam Tod;
   Durch Einen kommet die Auferstehung von
   dem Tod;
   Denn wie in Adam Alles starb,
   So wird einst in ihm
   Alles lebend sein.
   1 KOR 15,21–22

Das Jüngste Gericht und die Auferstehung der Toten

42. Accompagnato
Vernehmet! Ich sprech' ein Geheimnis!
Nicht Alle entschlafen;
Aber Alle werden verwandelt!
In dem Nu!
Im Wink des Augenblicks!
Beim Schall der Drommete!
1 Kor 15,51–52

43. Arie
Es schallt die Drommet',
Und die Toten erstehn
Unverweslich,
Und wir sind verneut.
Denn dies Verwesliche
Muss anziehn Unverwesung,
Und dies Sterbliche
Muss anziehn die Unsterblichkeit.
1 Kor 15,52–53

Der Sieg über Tod und Sünde

Rezitativ
Dann wird erfüllet sein
Das Wort des Ewigen:
»Tod ist nun verschlungen
In Siegstriumph.«
1 Kor 15,54–55

44. Duett
O Tod, o Tod, wo ist Dein Pfeil?
O Grab, wo ist Dein Siegstriumph?
Des Todes Pfeil ist Sünd'
Und die Macht der Sünde Gebot.
1 Kor 15,55–56

45. Chor
Drum Dank sei Gott,
Der uns den Sieg gegeben hat
Durch Christum, unsern Herrn!
1 Kor 15,57

46. Arie
Wenn Gott ist mit uns, wer ist uns
entgegen?
Wer will anschuldigen
Die Heiligen Gottes bei Gott?
Es ist Gott, der frei sie spricht!
Wer ist Der, der verdamme?
Hier ist Christ, der starb!
Ja, der da auferstanden
Nun lebt!
Er ist zur rechten Hand bei Gott
Und redet und bittet für uns.
Röm 8,31.33–34

47. Chor

Würdig ist das Lamm,
Das da starb!
Und hat erkaufet uns dem Herrn
Durch sein Blut,
Zu nehmen Macht und Reichtum
Und Weisheit und Kraft und Ehre
Und Hoheit und Dankpreis!
Dankpreis und Ehre, Hoheit und Macht
Sei ihm, dem Herrn, der sitzet auf dem
Thron,
Und ihm, dem Lamm,
Auf ewig und ewig!
OFFB 5,12–13

48. Chor

Amen.

Über den »Messias«

Händel unternahm es, das große, wunderbare Geheimnis unserer Religion in
Tönen zu verkünden, und so entstand
das Oratorium aller Oratorien, der
»Messias«. Wie das Innere des Meisters
so ganz von der überirdischen Größe
des Gegenstandes erfüllt war, zeigt
schon der Umstand, dass er jeden anderen Text, der vielleicht so wie viele
andere, die später komponiert wurden,
recht eigentlich ins Dramatische gefal-
len wäre, verschmähte und sich streng
an die kräftigen Sprüche der Bibel hielt,
die das Werk der Erlösung von der Verkündigung des Heilandes durch die
Propheten bis zur Vollendung in erha-
benen Worten aussprechen. So unter-
schied sich der »Messias« schon in Hin-
sicht des Textes von den übrigen
Oratorien desselben Meisters. Es gibt

darin keine bestimmten Personen, die, in dramatischer Handlung zusammentretend, sprechen, und ebenso wenig werden die Begebenheiten, die das große Werk in sich schließt, auf frostige Weise erzählt; alles geht lebendig bei der Seele des Zuhörers vorüber, dass er mitten in den Erscheinungen jener Zeit wandelt und sich selbst unter dem Volke befindet, das alle Empfindungen, die die sichtbarlichen Wunden in ihm erregen, laut ausspricht.

MAX CHOP*

Georg Friedrich Händel – Ein leidenschaftlicher Geist

Alles, was über das Gewöhnliche hinausgeht, was Menschen ergreift, Menschen beherrscht, wollte er kennenlernen, wie im Leben, so in seiner Kunst; von allem Gewinn ziehen für Geist und Charakter, ohne sich irgendeinem zu unterwerfen. Er mochte immer am liebsten mit Massen des Volks, unter dem er eben lebte, zu tun haben; gern auch mit Großen, die ein Volk regieren; ihn selbst regieren sollten aber weder die einen noch die andern; dafür wollte er jedoch freiwillig ihnen mit aller Treue dienen. Er ließ nicht ab und setzte es durch wie kaum irgendeiner seinesgleichen; er machte die vielfältigsten Erfahrungen, höchst freudige und höchst schmerzliche.

Max Chop (1862–1929) war ein einflussreicher Musikwissenschaftler und Schriftsteller.

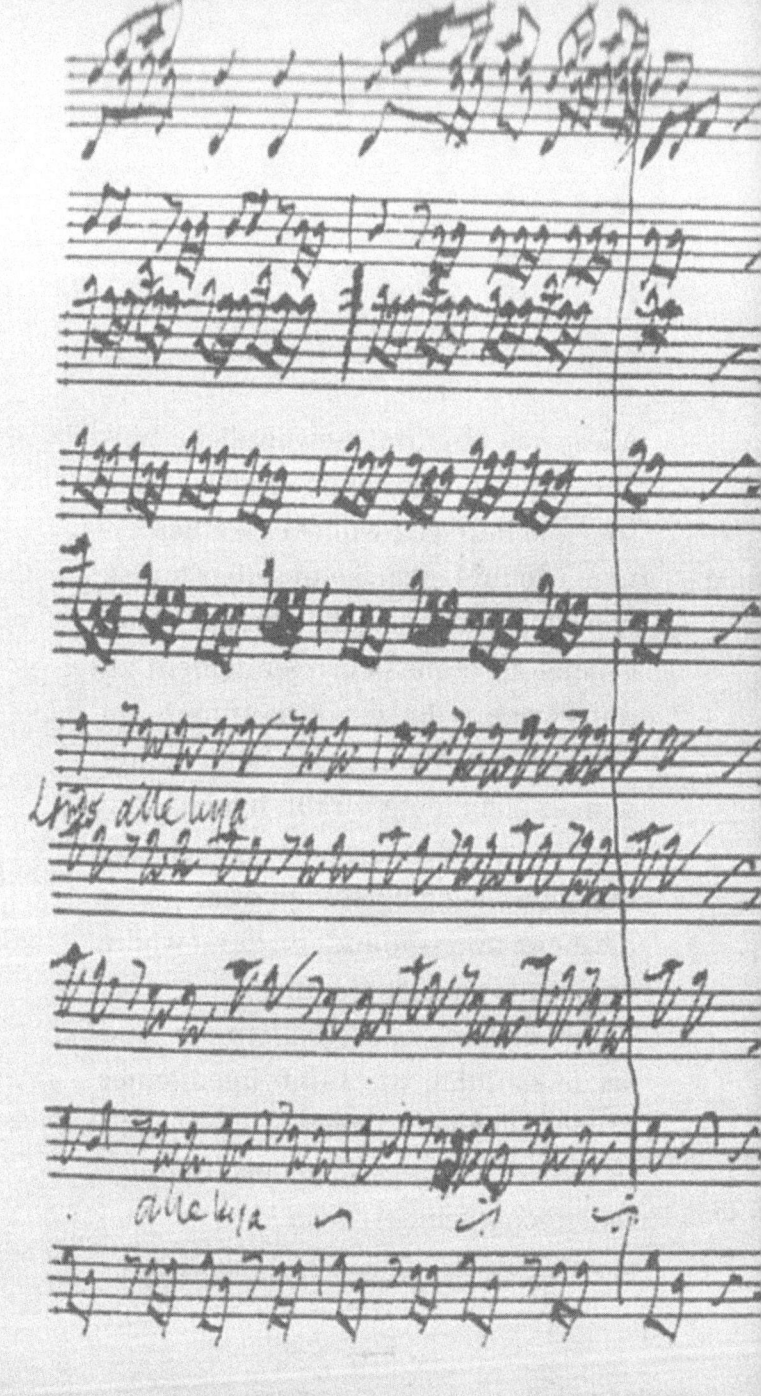

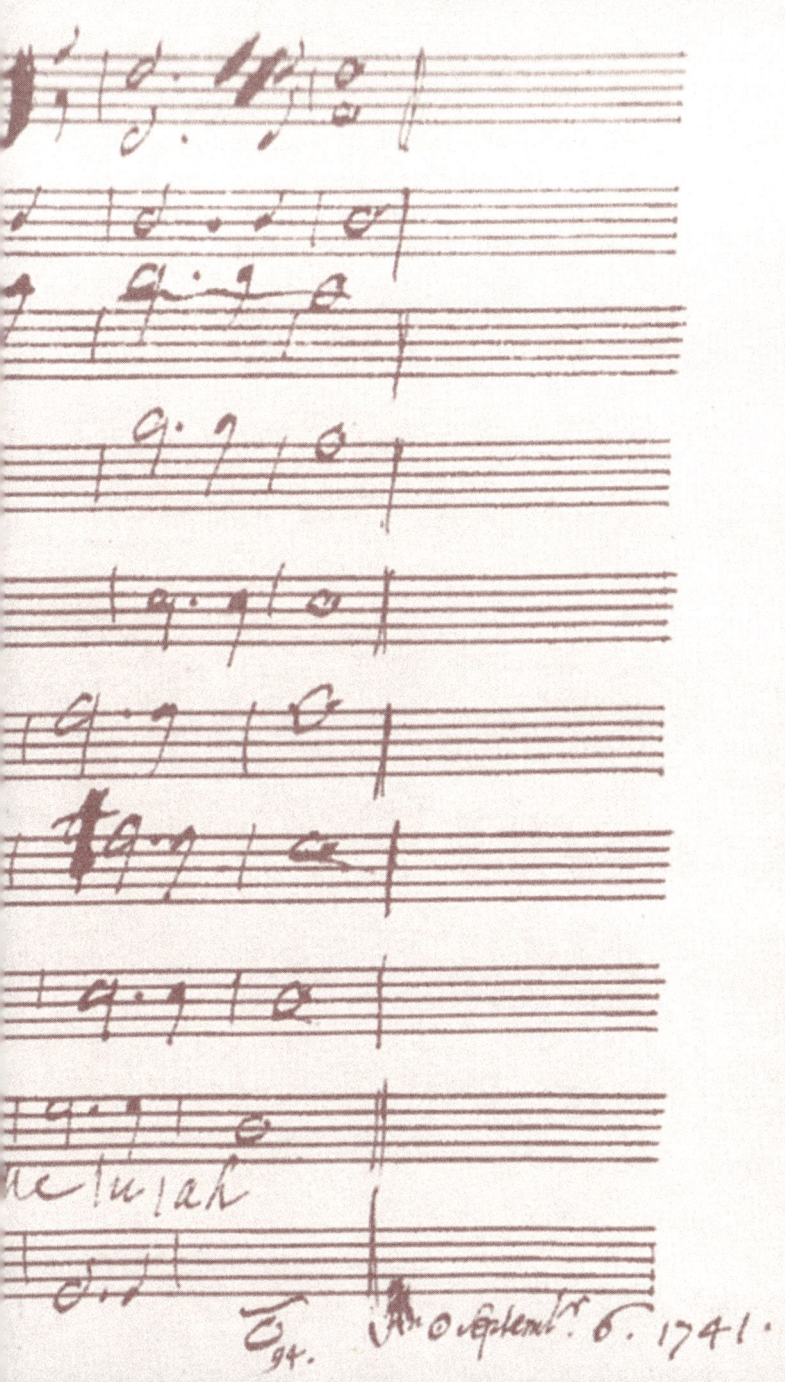

lelujah

94. ☙ Septembr. 6. 1741.

VERLAGSGRUPPE PATMOS

PATMOS
ESCHBACH
GRÜNEWALD
THORBECKE
SCHWABEN
VER SACRUM

Die Verlagsgruppe
mit Sinn für das Leben

Die Verlagsgruppe Patmos ist sich ihrer Verantwortung gegenüber
unserer Umwelt bewusst. Wir folgen dem Prinzip der Nachhaltigkeit
und streben den Einklang von wirtschaftlicher Entwicklung, sozialer
Sicherheit und Erhaltung unserer natürlichen Lebensgrundlagen an.
Näheres zur Nachhaltigkeitsstrategie der Verlagsgruppe Patmos auf
unserer Website www.verlagsgruppe-patmos.de/nachhaltig-gut-leben

7. Auflage 2024
Alle Rechte vorbehalten
© 2013 Patmos Verlag
Verlagsgruppe Patmos in der Schwabenverlag AG, Ostfildern
www.verlagsgruppe-patmos.de

Umschlaggestaltung: Finken & Bumiller, Stuttgart
Umschlagabbildung: © kallejipp/photocase.com
Druck: Finidr s.r.o., Český Těšín
Hergestellt in Tschechien
ISBN 978-3-8436-0302-7 (Print)
ISBN 978-3-8436-0378-2 (eBook)

Ostern – theologisch und spirituell

Karl Rahner
Was Ostern bedeutet

Herausgegeben von
Andreas R. Batlogg und
Peter Suchla

12 x 19 cm, 80 Seiten
Hardcover mit Leseband
ISBN 978-3-7867-4032-2

Karl Rahner, Theologe von Weltrang, gilt vielen zugleich als der größte spirituelle Schriftsteller des 20. Jahrhunderts. Seine Art, vom christlichen Glauben zu sprechen, öffnet die Augen dafür, wie dieser Glaube das Leben bereichert. Das gilt auch für Ostern, das unglaublich viel mehr ist als Frühlingsgefühle, Urlaubstage und Brauchtum. Rahner zeigt: Es ist der geheimnisvolle Kern des christlichen Glaubens – beglückend, Kraft spendend, zum Leben motivierend.

GRÜNEWALD
www.gruenewaldverlag.de